W0343617

VIVRE !
DANS UN MONDE IMPRÉVISIBLE

Frédéric Lenoir est philosophe et sociologue. Il mène depuis plusieurs années une réflexion sur la sagesse et l'art de vivre. Il est l'auteur de nombreux livres – essais et romans –, traduits dans une vingtaine de langues. Ses récents ouvrages, *Du bonheur, un voyage philosophique*, *La Puissance de la joie* et *Le Miracle Spinoza* ont été en tête des listes de best-sellers.

Paru au Livre de Poche :

Du bonheur, un voyage philosophique
Comment Jésus est devenu Dieu
La Consolation de l'ange
François, le printemps de l'Évangile
La Guérison du monde
Lettre ouverte aux animaux
Le Miracle Spinoza
L'Oracle della Luna
Philosopher et méditer avec les enfants
La Puissance de la joie
Le Secret
Socrate, Jésus, Bouddha

En collaboration avec Violette Cabesos :

La Parole perdue
La Promesse de l'ange

En collaboration avec Simonetta Greggio :

Nina

FRÉDÉRIC LENOIR

Vivre !
Dans un monde imprévisible

ÉDITION MISE À JOUR

FAYARD

© Librairie Arthème Fayard, 2020.
ISBN : 978-2-253-10464-3 – 1re publication LGF

Les crises, les bouleversements, la maladie ne surgissent pas par hasard. Ils nous servent d'indicateurs pour rectifier une trajectoire, explorer de nouvelles orientations, expérimenter un autre chemin de vie.

Carl Gustav JUNG

Avant-propos

Qui aurait pu imaginer au début de l'année 2020 que, deux mois plus tard, la moitié de la population mondiale serait confinée, qu'il n'y aurait plus d'avions dans le ciel, plus de touristes à Venise et qu'on vivrait une récession économique mondiale historique ? La pandémie du Covid-19, qui n'est pourtant pas la plus grave que l'humanité ait connue, a révélé l'extrême vulnérabilité du monde globalisé. Lorsque la peste noire a décimé plus du tiers des Européens (soit environ 25 millions de personnes) au milieu du XIVe siècle, les Chinois ou les Indiens n'étaient pas concernés, et ils n'en étaient sans doute même pas informés. Pour le meilleur et pour le pire, nous sommes aujourd'hui tous connectés, et un simple virus, surgi dans n'importe quel coin du globe, peut mettre l'économie mondiale à terre et impacter la vie de près de 8 milliards d'individus. Car ce sont bien toutes les dimensions de notre existence qui sont bouleversées par cette pandémie : notre vie familiale et professionnelle, comme notre rapport au monde, à l'espace et au temps. Nous sommes touchés ou angoissés – pour nous-mêmes et pour nos proches – par la maladie et par la mort. Mais aussi par l'insécurité matérielle, par la perte de notre liberté de circuler, par l'impossibilité de nous projeter dans l'avenir.

Face à de tels bouleversements, nous pouvons serrer les dents et espérer que tout redevienne comme avant le plus rapidement possible. Cela me semble illusoire. Non seulement parce qu'on ne peut sortir d'un tel chaos en quelques mois, mais surtout parce que les causes profondes qui ont conduit à cette situation vont perdurer après la fin de la pandémie du Covid-19. Comme je l'ai déjà longuement expliqué en 2012 dans mon ouvrage *La Guérison du monde*, la crise contemporaine est systémique : toutes les crises que nous vivons dans notre monde globalisé – économique, sanitaire, écologique, migratoire, sociale, etc. — sont reliées entre elles par une même logique consumériste et de maximisation des profits, dans le contexte d'une mondialisation dérégulée. La pression exercée sur la planète et sur les sociétés humaines est intenable à long terme. Si nous cherchons à repartir « comme avant », nous irons de crise économique en crise économique, de crise écologique en crise écologique, de crise sociale en crise sociale et de crise sanitaire en crise sanitaire. La vraie solution consiste à changer de logique, à sortir de la frénésie consumériste, à relocaliser des pans entiers des activités économiques, à réguler la finance, à passer du « toujours plus » au mieux-être, de la compétition à la collaboration.

Ces grandes questions, capitales pour l'avenir de l'humanité et de la planète, ont fait l'objet d'un récent livre de dialogue avec Nicolas Hulot (*D'un monde à l'autre*). La question que je souhaite aborder dans ce petit ouvrage est tout autre : comment vivre le mieux possible en temps de crise ? En attendant l'hypothétique changement de paradigme auquel nous sommes de plus en plus nombreux à aspirer, quelle solution intérieure pouvons-nous trouver pour faire face à la crise sanitaire, aux bouleversements de nos modes de vie et aux angoisses qui en découlent ? Comment essayer de rester serein, voire heureux, dans un monde de plus en plus chaotique et imprévisible ? Ou, pour le dire encore autrement : en attendant que le monde change, comment nous changer nous-mêmes ou transformer notre regard pour nous adapter le plus positivement possible à un réel qui nous déstabilise ?

J'ai donc conçu ce livre comme un manuel de survie et de croissance intérieure, c'est-à-dire un manuel de résilience, en apportant aux lecteurs des conseils pour vivre mieux en cette période douloureuse et déstabilisante à bien des égards. Je me suis beaucoup inspiré de philosophes du passé – comme les stoïciens, Montaigne ou Spinoza – qui ont vécu et pensé pendant des périodes de crise profonde et qui nous apportent des réflexions essentielles pour traverser au mieux l'adversité. Mais je m'inspire aussi de considérations plus contemporaines, issues notamment des neurosciences et de la psychologie, qui nous offrent des clés précieuses pour faire face aux perturbations de nos besoins biologiques, psychiques et affectifs fondamentaux.

Puisse ce petit livre, écrit dans l'urgence du temps présent, apporter durablement lumière et réconfort à tous ceux qui le liront.

1

Se sentir en sécurité

Au moment où je commençais l'écriture de ce livre, j'ai eu un échange téléphonique avec une amie canadienne très chère, maître en yoga et en qi gong : Nicole Bordeleau. Elle m'a demandé quel était, selon moi, notre besoin le plus fondamental : celui du lien ou celui de la sécurité ? Je lui ai répondu sans hésiter : celui de la sécurité. Le lien est capital, et même vital, parce que, justement, il nous apporte avant tout ce dont nous avons le plus besoin : la sécurité, tant intérieure (psychique) que matérielle et sociale.

Pour mieux le comprendre, évoquons deux grandes théories : celle du *conatus*, du philosophe néerlandais Baruch Spinoza, et celle de la pyramide des besoins, du psychologue Abraham

Maslow. Au XVIIe siècle, dans son ouvrage majeur, *L'Éthique*, Spinoza affirme que « chaque chose, selon sa puissance d'être, s'efforce de persévérer dans son être ». Cet effort (*conatus* en latin) est une loi universelle de la vie, comme le confirme le célèbre neurologue portugais Antonio Damasio, fervent disciple de Spinoza : « L'organisme vivant est construit de telle sorte qu'il préserve la cohérence de ses structures et de ses fonctions contre les nombreux aléas de la vie [1]. » Spinoza constate ensuite que, de manière tout aussi naturelle, chaque organisme vivant essaye de progresser, de grandir, de parvenir à une plus grande perfection. Il observe enfin que, chaque fois qu'il y parvient, sa puissance vitale augmente, il est habité par un sentiment de joie, alors que chaque fois qu'il rencontre un obstacle, qu'il se sent menacé dans son être ou que sa puissance vitale diminue, il est envahi par un sentiment de tristesse. Toute l'éthique spinoziste consiste dès lors à organiser notre vie grâce à la raison, pour préserver l'intégrité de notre être et augmenter notre puissance d'agir et la joie qui l'accompagne. Spinoza met au jour deux mécanismes de la vie : se préserver et augmenter sa puissance vitale et d'action. Dit autrement, il nous explique que la sécurité et la croissance sont nos deux besoins les plus fondamentaux.

Entre 1943 et 1970, le psychologue américain Abraham Maslow a élaboré et affiné une théorie de la motivation qui s'incarne dans une hiérarchisation universelle des besoins humains, et qui n'est pas sans lien avec la théorie spinoziste. À la base de la pyramide, on trouve d'abord nos besoins physiologiques élémentaires : respirer, boire, se nourrir, dormir, éliminer… Surgissent ensuite les besoins de sécurité : être en bonne santé et vivre dans un environnement stable et prévisible. Puis viennent les besoins d'appartenance et d'amour. Apparaissent enfin les besoins d'estime et de reconnaissance et, tout en haut de la pyramide, le besoin d'accomplissement de soi. L'idée développée par Maslow, fort bien illustrée par la forme pyramidale, est qu'une nouvelle motivation survient lorsqu'un besoin plus fondamental est satisfait : je ne chercherai à m'accomplir que lorsque tous mes autres besoins auront été pris en compte.

Autant la typologie des besoins élaborée par Maslow me semble pertinente, autant leur hiérarchisation peut prêter le flanc à la critique. De nombreux auteurs ont constaté que certains besoins, comme l'appartenance ou la reconnaissance, étaient tout aussi fondamentaux pour vivre que les besoins physiologiques ou de sécurité. On sait par exemple qu'un bébé qui ne reçoit pas d'amour sera incapable de se développer psychiquement de manière harmonieuse, voire de survivre. On peut constater aussi que certaines personnes mettent tout en œuvre pour satisfaire un besoin de reconnaissance, alors que leurs besoins primaires ne sont pas pleinement satisfaits : un ado d'une famille pauvre préférera parfois avoir le même smartphone ou les mêmes baskets hors de prix que ses copains plutôt que bien s'alimenter ou vivre sous un toit décent. De même, le besoin de s'accomplir, qui inclut la dimension spirituelle et la foi, peut s'exprimer chez ceux dont les autres besoins n'ont pas été pleinement satisfaits. J'ai rencontré aux quatre coins du monde des gens très pauvres habités par une foi intense qui les aidait justement à supporter leur condition misérable.

Il ne faut donc pas faire un absolu de la hiérarchisation des besoins de Maslow. Néanmoins, on peut constater qu'en période de crise profonde, à l'instar de celle que nous vivons actuellement, elle semble retrouver une certaine pertinence. La survie est brutalement redevenue la principale motivation des humains. On l'a vu dès les premiers signes de la propagation du virus : les magasins d'alimentation ont été dévalisés. J'ai croisé au supermarché, en bas de chez moi, des personnes qui avaient un Caddie rempli à ras bord de pâtes, d'eau minérale, de farine et de papier hygiénique, et qui se moquaient des sarcasmes ou des critiques d'autres clients. Le premier réflexe dans un contexte de survie, c'est de s'assurer que nos besoins physiologiques pourront être satisfaits, et peu importe qu'on apparaisse comme égoïste ou ridicule. En cas de crise majeure, les besoins primaires passent avant tout, et les besoins de sécurité viendront juste après : une fois le frigo plein, on se confine chez soi pour échapper à la contamination. Et ce n'est qu'une fois en sécurité qu'on pourra laisser s'exprimer notre besoin d'appartenance, en appelant nos proches et nos amis, en resserrant – dans une distance protectrice – nos liens affectifs et sociaux. Les besoins de reconnaissance et d'accomplissement viendront ensuite, lorsque tous les autres auront été satisfaits.

Dans le monde occidental relativement stable et opulent dans lequel nous vivons depuis la fin de la Seconde Guerre mondiale, la plupart d'entre nous avions échappé à la peur de ne plus pouvoir satisfaire nos besoins vitaux et de sécurité les plus fondamentaux. On pourrait d'ailleurs regrouper les trois premiers besoins et motivations (physiologique, sécurité, appartenance) dans une même catégorie : celle de la sécurité. Tandis que les deux suivants (reconnaissance, accomplissement) relèveraient d'un autre ordre : celui de notre croissance (dans la société, mais aussi spirituel). Les trois premiers sont indispensables à la survie. Les deux suivants permettent le déploiement de la vie, tant sur le plan social que personnel. Nous retrouvons dès lors les deux grands besoins démontrés par Spinoza : se préserver (sécurité) et croître. Et on peut globalement affirmer que lorsque nos besoins de sécurité sont satisfaits on peut davantage se concentrer sur nos besoins de croissance, lesquels nous apportent les joies les plus profondes : joie de l'amour qui s'épanouit, de nos réalisations professionnelles qui nous permettent de nous accomplir et d'être reconnus, joies créatives, intellectuelles et spirituelles de notre esprit qui progresse, etc. Mais lorsque nous ressentons un profond sentiment d'insécurité, le besoin de protection l'emporte sur le besoin de croissance, et la recherche de la sérénité, de l'apaisement émotionnel, sur celui de la joie.

Il existe cependant une interaction importante entre la base et le sommet de la pyramide, entre notre besoin de sécurité (à travers ses diverses dimensions) et notre dimension spirituelle : la force de notre esprit peut nous aider à renforcer notre sentiment de sécurité ou, plus précisément, à mieux vivre en temps d'insécurité. Je l'ai déjà évoqué à propos de la foi religieuse, qui aide de nombreuses personnes démunies à mieux vivre, voire à être joyeuses. Il en va de même aujourd'hui en Occident pour des personnes qui ont une foi profonde, mais aussi pour des personnes non croyantes qui ont développé leur potentiel humain ou une forme de spiritualité laïque. Ceux qui cultivent leur esprit en lisant des livres de philosophie ou de poésie, ceux qui pratiquent régulièrement le yoga ou la méditation, ceux qui ont une activité créatrice, ceux qui développent l'amour et la compassion en s'engageant dans la société, ceux qui cherchent à donner un sens à leur existence sont sans doute mieux armés pour traverser les périodes difficiles de la vie. En effet, ils déploient des qualités spirituelles qui viennent soutenir le corps et stabiliser les émotions (notamment la peur), améliorer la qualité des liens affectifs et sociaux, renforcer la confiance et l'amour de la vie. Autant de qualités précieuses qui favorisent, après un choc ou une déstabilisation profonde comme celle que nous venons de vivre, la possibilité d'un rebond, d'un travail sur soi, d'une entrée en résilience.

2

Entrer en résilience

Le concept de résilience a été développé et popularisé dans les années 1990 par le neuropsychiatre français Boris Cyrulnik. Le mot anglais *resilience* vient du latin *resilio* qui signifie « sauter en arrière », d'où l'idée de rebondir, de résister à un choc. En 1627, dans son *Sylva Sylvarum*, le philosophe anglais Francis Bacon l'utilisait déjà en ce sens, en parlant des lois de la nature, et le mot sera surtout employé, à partir du XIXe siècle, en physique pour désigner la capacité d'un matériau à absorber de l'énergie lorsqu'il se déforme sous l'effet d'un choc. En 1952, dans son ouvrage *Lélia ou la vie de George Sand*, l'écrivain français André Maurois l'applique à l'humain en décrivant les diverses stratégies que nous pouvons utiliser pour traverser les épreuves de la vie et rebondir : cultiver la gaieté, l'humour, l'optimisme, etc. Même si Freud l'aurait brièvement évoqué, la psychologue américaine Emmy Werner est sans doute la première à développer ce concept en psychologie. La résilience désigne dès lors le processus psychique qui permet à un individu affecté par un traumatisme profond de se reconstruire, de trouver en lui, sans rien nier de ce choc, les ressources nécessaires pour avancer dans la vie. Boris Cyrulnik est un bel exemple d'une personne résiliente : ses parents le placent dans une pension à l'âge de 5 ans pour qu'il puisse échapper à la déportation, avant de mourir tous deux à Auschwitz. Confié à l'assistance publique et dans de nombreuses familles d'accueil, il finit par être adopté par une tante maternelle à la fin de la guerre. Cette enfance traumatisante l'incitera à devenir psychiatre et à s'appuyer sur ses ressources intérieures pour surmonter cette terrible épreuve.

Face à des crises comme celle du Covid 19, la résilience doit être collective et individuelle. Collective, parce qu'elle touche à l'humanité entière qui a vécu un choc brutal ; individuelle pour tous ceux qui sont fortement impactés par elle et qui subissent, de fait, un traumatisme psychique. Encore une fois, j'ai traité de la question de la résilience collective dans mon livre de dialogue avec Nicolas Hulot, et ce qui m'importe ici, c'est de voir comment chaque personne ayant été traumatisée ou déstabilisée par cette crise sanitaire, ou par toute autre épreuve, peut entamer un chemin de reconstruction intérieure.

Le processus de résilience fait l'objet de nombreuses recherches et théories, mais on peut schématiquement évoquer trois étapes principales après le traumatisme : la résistance, l'adaptation et la croissance. Lorsqu'on est déstabilisé et en souffrance, on commence par résister, par se protéger pour éviter ce qui nous affecte. Cette première étape peut être salutaire, car il est souvent nécessaire de lutter contre l'angoisse et les effets destructeurs du traumatisme. Mais elle peut conduire à des mécanismes de défense extrêmes (déni, clivage, refuge dans une bulle psychique protectrice...) qui n'aideront pas la personne à guérir. Pour avancer, il sera nécessaire de regarder la réalité en face et de tenter de nous adapter au mieux à la situation. Cette étape est cruciale dans le processus de résilience, car elle signifie que nous ne sommes pas dans le déni, dans le refus du réel, dans une attitude passive. Nous agissons en prenant acte du caractère inéluctable de l'épreuve que nous traversons, de notre douleur physique ou psychique, et nous cherchons le meilleur moyen de nous adapter à cette situation difficile. La croissance nous conduit plus loin encore : il ne s'agit plus seulement de moins souffrir, mais de s'appuyer sur ce traumatisme pour grandir, évoluer, aller plus loin. La fameuse formule de Nietzsche dans *Le Crépuscule des idoles* l'exprime très bien : « Ce qui ne me tue pas me rend plus fort. »

Une personnalité qui est allée jusqu'au bout du processus de résilience ne s'est pas contentée de reconnaître son traumatisme et de faire le dos rond. Elle a su aller chercher en elle les ressources nécessaires pour se développer et faire de ce choc un tremplin pour grandir. Du coup, *a posteriori*, le traumatisme subi pourra lui apparaître comme une chance qui lui a permis de se développer sans doute davantage qu'elle ne l'aurait fait sans ce choc. C'est ce qu'exprime fort bien le titre du livre de Boris Cyrulnik : *Un merveilleux malheur*. Son auteur est un résilient exemplaire, il ne s'est pas contenté de s'adapter à une situation douloureuse pour essayer de survivre, il a su tirer profit des traumatismes de son enfance pour tenter de réussir au mieux sa vie. Il a non seulement su transmuter sa souffrance psychique et affective en devenant un psychiatre reconnu et en fondant une famille, mais il a aussi développé dans ce processus de guérison intérieure des qualités humaines profondes : empathie, bienveillance, compassion (envers les humains comme envers les animaux). J'ai d'ailleurs souvent observé que les êtres humains les meilleurs que j'ai été amené à rencontrer (le dalaï-lama, l'abbé Pierre et de nombreux anonymes) avaient toujours surmonté de grandes épreuves dans leur vie. Si celles-ci ne nous écrasent pas, elles peuvent constituer un tremplin pour grandir en humanité.

C'est aussi ce que j'ai expérimenté dans mon existence. Sans avoir vécu de graves traumatismes, comme l'abandon physique ou une grande maltraitance, j'ai été assez malheureux enfant et adolescent à cause de problématiques névrotiques familiales lourdes. Cela m'a incité à m'intéresser à la psychologie, à la philosophie et à la spiritualité et à entamer de longues années de thérapie. Grâce à ces divers soutiens, j'ai progressivement guéri de cette souffrance intérieure et, après de nombreux échecs, j'ai pu m'épanouir professionnellement et affectivement. J'en suis arrivé, vers l'âge de 40 ans, à me dire que j'avais finalement eu de la chance de naître dans une famille à la fois déséquilibrée – ce qui m'a permis de faire ce long parcours de guérison et de croissance intérieure – et malgré tout suffisamment aimante pour trouver les ressources d'entrer en résilience.

Malheureusement, toute personne ne peut être résiliente. Le psychanalyste anglais John

Bowlby a montré que le degré de résilience face aux événements traumatisants de la vie est déterminé par les schémas d'attachement de la prime enfance. Dans le même ordre d'idée, Boris Cyrulnik affirme qu'une seule condition est nécessaire pour pouvoir entamer ce processus de résilience : avoir été aimé enfant, ne serait-ce que par une personne, à un moment donné, de manière inconditionnelle. Cet amour vrai et profond nous aura apporté cette sécurité existentielle fondamentale dont nous aurons besoin pour avancer dans la vie. Si nous ne l'avons pas eu par nos parents (ce qui est le cas des orphelins ou des enfants de parents très défaillants ou pervers), peut-être l'aurons-nous trouvé auprès d'un grand-père ou d'une grand-mère, d'un parent adoptif, d'un frère ou d'une sœur, d'un oncle ou d'une tante, d'un ami de la famille, d'une personne, quelle qu'elle soit, qui nous a véritablement aimé, sans aucune attente ni condition, et révélé que nous étions précieux à ses yeux. À 20 ans, alors que je travaillais bénévolement à Calcutta dans un mouroir, une léproserie et un orphelinat, on avait amené à Mère Teresa un bébé trouvé dans une poubelle. Les sœurs qui l'avaient récupéré quelques jours auparavant l'avaient nourri, soigné, mais rien n'y faisait, il semblait se laisser mourir et n'ouvrait presque jamais les yeux. Mère Teresa l'a pris dans ses bras et, pendant un long moment, l'a dorloté, cajolé, lui a dit qu'il était beau et aimable, a joué avec lui en le câlinant…, au bout d'un moment, l'enfant a ouvert les yeux et esquissé un magnifique sourire. Tous les témoins de la scène en ont pleuré. Cet enfant a ressenti, sans doute pour la première fois, un amour inconditionnel qui lui a donné envie de continuer à vivre. Les soins alimentaires et médicaux n'auraient pas suffi à le sauver : il avait aussi besoin de se sentir unique dans le regard d'un autre, aimé, désiré, pour trouver en lui la force de lutter.

Les deux conditions pour pouvoir entrer en résilience sont donc d'avoir vécu une expérience d'amour structurante et, ensuite, évidemment, de le vouloir. J'ai également connu des individus qui avaient vécu un traumatisme profond, ils avaient très probablement été suffisamment aimés, mais ne voulaient pas s'en sortir. Ils préféraient se plaindre ou rester passifs plutôt que de lutter pour avancer. Peut-être aussi n'avaient-ils pas encore trouvé la motivation, le désir, fait la bonne rencontre qui leur aurait permis d'entrer en résilience ?

Si nous avons été traumatisés, angoissés, déstabilisés par une épreuve ou par la crise sanitaire que nous traversons et ses conséquences sociales et économiques, posons-nous la question de savoir si nous souhaitons entrer en résilience, nous adapter au mieux à la situation et même nous en saisir comme une occasion pour grandir. En quoi cette épreuve peut-elle me permettre de m'améliorer ? De quitter une habitude négative ? De changer quelque chose dans mon mode de vie ? De me réorienter professionnellement ? De me rapprocher ou, au contraire, de m'éloigner de certaines personnes de mon entourage ? De faire un travail sur moi ou de suivre une thérapie ? D'évoluer dans mes valeurs ou de reconsidérer mes priorités de vie ? En l'espace de deux mois, au début de la pandémie, j'avais déjà pu observer des personnes qui avaient décidé de changer de métier, de rester vivre à la campagne et d'opter davantage pour le télétravail, de quitter leur conjoint ou, au contraire, de s'engager davantage dans une relation, de mieux suivre le travail scolaire de leurs enfants, de se remettre à la pratique d'une activité sportive ou artistique, etc.

En chinois, le mot « crise » est représenté par deux idéogrammes : l'un signifie danger, l'autre opportunité. Et l'étymologie du mot « crise » en grec signifie qu'il faut faire un choix. Toute crise (personnelle ou collective) doit nous conduire à faire des choix et à saisir les nouvelles opportunités qui s'offrent à nous. Comme le dit le psychologue suisse Carl Gustav Jung, l'un des grands pionniers de la psychologie des profondeurs : « Les crises, les bouleversements, la maladie ne surgissent pas par hasard. Ils nous servent d'indicateurs pour rectifier une trajectoire, explorer de nouvelles orientations, expérimenter un autre chemin de vie. »

3

S'adapter

Lorsque nous sommes affectés par une épreuve soudaine – deuil, maladie grave, agression, licenciement –, nous passons souvent par un temps de sidération et de déni : « Non ! Ce n'est pas possible ! » Nous pouvons rester longtemps dans cette attitude de résistance. Certaines personnes (et notamment des enfants) ayant subi un viol peuvent le refouler jusqu'à en oublier totalement cet événement hautement traumatique. Cette forme de résistance psychique les protégera et leur permettra de continuer à vivre, mais les empêchera de se reconstruire et de s'épanouir véritablement. Le trauma reste là, enfoui, continuant de distiller son poison, perturbant leur vie affective et sexuelle, ou les maintenant dans un état d'anxiété ou phobique. D'une certaine manière, toute personne ayant vécu un grave traumatisme qui est restée en résistance fonctionne en mode survie plutôt qu'elle ne vit pleinement. Pour se reconstruire intérieurement, grandir et s'épanouir, il lui faudra reconnaître le choc subi et chercher à s'adapter consciemment (l'adaptation inconsciente participant au mode de résistance) afin de supporter l'onde de choc et de continuer, non pas à survivre, mais à vivre au mieux.

Lorsque nous subissons un traumatisme, ou lorsque nous sommes déstabilisés dans nos modes de vie, comme ce fut le cas pour la plupart d'entre nous avec la crise du Covid-19, il s'agit, dans un premier temps, de faire preuve d'adaptabilité. Je dois brutalement changer mes habitudes, rester travailler chez moi ou bien le faire dans un climat anxiogène, avec un masque et des gants, faire travailler mes enfants à la maison, rester la plus grande partie de la journée enfermé(e) dans un espace réduit avec mon conjoint ou ma conjointe, ne plus pratiquer mes activités récréatives habituelles, ne plus circuler librement : il me faut rapidement m'adapter à cette nouvelle situation pour la vivre le mieux possible. Sortir brutalement de notre zone de confort, rompre soudainement avec nos habitudes n'est guère chose aisée. Cela demande un véritable effort, et j'ai été assez admiratif de la manière dont la plupart des gens y sont parvenus. J'ai vu autour de moi des exemples admirables de personnes qui ont su s'adapter à des situations de confinement parfois très difficiles. Je citerai juste l'exemple de ma mère, âgée de 95 ans, qui vit dans une maison de retraite dans le sud de la France et qui n'a vu personne pendant deux mois : ni proches, ni coiffeur, ni kiné, ni autre personne âgée de son entourage. Son seul contact humain a été de croiser, trois fois par jour pendant une poignée de secondes, une employée de l'EHPAD venue, gantée et masquée, lui apporter son repas sur un plateau. Lorsque je lui parlais au téléphone, je lui demandais comment elle supportait cette solitude et elle me répondait : « Je lis, je repense à ma vie, à mes quatre enfants, je prie pour eux et pour ceux qui souffrent. » Elle a su trouver en elle les ressources pour s'adapter à cette situation douloureuse et déstabilisante. D'autres personnes âgées souffrant de solitude n'y sont pas parvenues (j'y reviendrai dans un prochain chapitre sur le lien).

Une des qualités qui peut le mieux nous aider à nous adapter à une situation douloureuse subie, c'est l'humour. L'humour, on le sait depuis Aristote, et notamment l'autodérision (se moquer de soi), permet de mettre le tragique à distance. Puisqu'on ne peut rien changer à une situation pénible ou absurde, mieux vaut en rire ! Dans ma vie, l'humour m'a beaucoup aidé à supporter des situations douloureuses. Ma vieille maman m'a récemment rappelé au téléphone – et elle en riait encore, ce qui l'aidait aussi – une anecdote où, âgé de 3 ou 4 ans, j'avais fait une bêtise et elle me demandait avec quoi je voulais qu'elle me batte (mes parents, comme un certain nombre de personnes de leur génération, avaient, hélas, cette fâcheuse habitude de nous punir à l'aide de martinets, de ceintures ou de tout autre objet efficacement douloureux). Nous étions dans le jardin, et mon regard s'est tourné vers la fumée qui sortait de la cheminée de la blanchisserie voisine. « Avec de la fumée », ai-je suggéré. Ce trait d'humour m'a permis d'échapper cette fois-là à la punition corporelle.

Dès le début du premier confinement, nous avons presque tous partagé avec nos smartphones des photos ou de petites vidéos parfois hilarantes qui nous ont beaucoup aidés à supporter cette situation inédite. La première que l'on m'a transférée montrait un homme en maillot de bain en train de se badigeonner de crème solaire sous les cocotiers. Puis la caméra faisait un zoom arrière et on découvrait que l'homme était dans sa chambre devant un poster exotique accroché au mur. En créant et en échangeant ces petits films, nous avons su faire preuve d'adaptabilité en utilisant l'humour. Ils nous ont permis aussi de rire avec nos amis, de nous sentir plus proches d'eux. Et c'est une des grandes vertus de l'humour : non seulement nous faire mieux vivre l'inconfort ou le tragique, mais également renforcer le lien amical et social.

L'humour, le rire, l'ironie sont au cœur d'un grand courant philosophique dont je me sens très proche : le taoïsme. Apparu en Chine vers le VIe siècle avant notre ère, le taoïsme valorise l'humour comme facteur de détachement. Le rire nous permet de nous détacher d'une situation douloureuse, absurde, inconfortable, par la force de notre esprit. De prendre du recul et donc de faire preuve d'adaptabilité. Pour Tchouang-tseu, qui vécut au IVe siècle avant notre ère, la principale qualité à développer pour vivre bien, c'est en effet la souplesse ou la flexibilité. Cette qualité nous permet de ne pas chercher à forcer les situations, mais de nous adapter à elles et d'évoluer en fonction d'événements extérieurs que nous ne pouvons pas toujours contrôler. Il y a en effet de nombreux événements collectifs et personnels sur lesquels nous n'avons aucune prise : une épidémie, une guerre, une maladie, la perte d'un être cher, un licenciement économique, une difficulté relationnelle, etc. C'est la doctrine du « non-agir » qui se trouve au cœur de la pensée taoïste. Elle ne stipule pas qu'il faut rester passif, mais qu'il faut savoir lâcher prise et agir au moment opportun. Cela va à l'encontre de notre culture occidentale moderne qui entend tout contrôler et cultive le volontarisme : si tu veux, tu peux !

Tchouang-tseu prend l'exemple d'un nageur qui veut traverser un fleuve en crue. Il progresse non pas en imposant sa volonté à la force du courant, mais en accompagnant son flux : « Je descends avec les tourbillons et remonte avec les remous. J'obéis au mouvement de l'eau, non à ma propre volonté. C'est ainsi que j'arrive à nager si aisément dans l'eau[2]. » Cela me fait penser à Montaigne, ce merveilleux écrivain français du XVIe siècle, qui utilise une autre image pour dire exactement la même chose : celle de l'assiette du cavalier. Pour bien monter, un cavalier doit accompagner avec fluidité le mouvement imprimé par sa monture. Montaigne, ou les sages taoïstes, nous disent que pour vivre bien il faut savoir s'adapter au mouvement permanent et imprévisible de la vie.

Cette crise du Covid-19 peut nous conduire à agir ainsi, aussi bien individuellement que collectivement. Vouloir forcer les choses, ou ne rien changer est impossible si l'on veut lutter efficacement contre la pandémie. Nous n'avons d'autre choix raisonnable que d'adapter nos modes de vie à cette réalité. Et, une fois l'épidémie vaincue, il ne servira à rien de vouloir absolument que tout redevienne comme avant. Nos vies ont été bousculées, nos habitudes dérangées, des prises de conscience se sont faites : tenons compte de toutes ces évolutions pour repartir d'un bon pied, dans une bonne direction, afin de nous reconstruire en restant dans le mouvement et la fluidité. Ainsi, nous pourrons saisir les nouvelles opportunités que cette crise, comme toute crise, a fait surgir.

4

Cultiver le plaisir et les émotions positives

Lorsque nous sommes victimes d'un traumatisme ou que nos modes de vie habituels sont soudain bouleversés, c'est tout notre équilibre émotionnel qui est fragilisé. La peur prend une place prépondérante, nous pouvons facilement passer du rire aux larmes, nous devenons plus irritables, d'anciennes colères peuvent refaire surface et nous pouvons être envahis brusquement par des vagues de tristesse. De manière plus générale, c'est notre sentiment de bien-être ou de bonheur qui peut être durablement atteint pour laisser place à un sentiment diffus de stress et d'anxiété, voire d'angoisse. Comment retrouver sérénité et bonne humeur ? Nous verrons dans les chapitres suivants l'importance du lien et du sens pour nourrir nos besoins affectifs et spirituels, pour nous aider à nous fortifier et à grandir. Mais, avant cela, je souhaiterais aborder la dimension corporelle et même chimique, qui est essentielle à notre équilibre émotionnel.

Au cours des dernières décennies, l'essor des neurosciences a mis au jour une extraordinaire chimie du cerveau qui influe directement sur notre bien-être. Ces recherches ont notamment permis de découvrir le rôle capital des neuromédiateurs dans notre équilibre émotionnel. Les neuromédiateurs sont des substances chimiques libérées par les neurones et agissant sur d'autres neurones. On en a dénombré une soixantaine, mais, selon les études menées grâce aux techniques d'imagerie cérébrale – notamment au sein du Brain Bio Center de Princeton, sous l'impulsion du neurobiologiste Eric Braverman –, les quatre qui exercent la plus forte influence sur notre comportement sont la dopamine, la sérotonine, l'acétylcholine et le GABA (acide gamma-aminobutyrique). La dopamine est sans doute la plus importante : associée aux plaisirs, elle nous procure un sentiment de satisfaction, de motivation, d'appétit de vivre. La sérotonine est aussi impliquée dans la joie de vivre, la sérénité, le contentement, l'optimisme, mais aussi le sommeil. C'est la principale molécule utilisée par les laboratoires pharmaceutiques pour mettre au point des antidépresseurs. L'acétylcholine est davantage associée à l'intuition, à la créativité, au goût de l'aventure. Le GABA, enfin, favorise la prise de recul, la bienveillance, le dévouement. Il est également impliqué dans la production d'endorphines, molécules libérées pendant l'effort physique, créant une sensation d'euphorie.

Outre les neuromédiateurs, notre cerveau subit aussi l'influence des hormones, ces substances sécrétées par les glandes endocrines, telles que l'hypophyse, la thyroïde, les surrénales ou les glandes génitales. Libérées dans le sang par ces glandes endocrines, les hormones vont en général se lier à une protéine qui régule leur action pour assurer le bon fonctionnement d'un grand nombre de fonctions physiologiques. Parmi les hormones qui jouent un rôle dans le bien-être, on trouve l'ocytocine, notamment libérée lors de l'orgasme ou de l'allaitement, et qui favorise la relation aux autres, l'empathie, la tendresse. Le système hormonal, tout comme les neuromédiateurs, s'autorégulent par un système de *feed-back* qui encourage ou freine leur production. Mais celui-ci est déréglé par le stress. Un traumatisme, un choc émotionnel, un état général d'anxiété bouleversent la chimie de notre organisme, ce qui ne fait qu'accentuer le stress et notre sentiment de mal-être ou de déprime.

La crise du Covid-19 a provoqué chez beaucoup un stress puissant : peur de la maladie et de la mort (voire deuil pour ceux dont les proches sont décédés), angoisse face à l'incertitude de l'avenir, à la faillite économique, anxiété devant l'impossibilité de circuler librement et de rejoindre certains de nos proches, etc. Par la perte de nos repères habituels, elle a aussi favorisé, comme me l'a expliqué le Dr Yann Rougier, spécialisé en neurosciences, un effondrement de la sérotonine, de la dopamine et de l'ocytocine, puisque beaucoup ont été confrontés à un vide d'action et à un vide relationnel. Dans notre quotidien, en effet, nous nous organisons pour satisfaire nos besoins d'action et de relation. Nous organisons nos vies, autant que nous le pouvons, en fonction de ce qui apporte du plaisir, de la satisfaction, de la joie. Nous cherchons naturellement une activité professionnelle et des loisirs qui nous font du bien, nous cultivons notre appartenance à une famille, une communauté, un réseau d'amis, une entreprise. Or tout cela s'est effondré brutalement, en totalité ou en partie, par les confinements, et la désorganisation de nos vies qui s'est ensuivie. Il en va de même lorsque nos vies sont bouleversées par une maladie grave, un divorce, un deuil, une perte d'emploi, etc. Il convient alors de ne pas rester passifs et de remplacer nos activités habituelles par d'autres, adaptées à la situation nouvelle, qui répondent à nos besoins fondamentaux d'action et de relation. Cette réadaptation est nécessaire pour réguler la chimie de notre cerveau qui a été perturbée par ce brutal changement de mode de vie. C'est d'ailleurs ce que beaucoup de gens confinés ont fait en faisant du sport chez eux, en se lançant dans de nouvelles activités artistiques, en organisant via Internet, parfois quotidiennement, des « apéros-corona », etc. La dimension ludique et festive de ces rencontres est capitale, car elle permet de cultiver des émotions positives, indispensables à notre équilibre. À l'inverse, passer des heures à regarder les – mauvaises – nouvelles, à écouter la litanie du décompte quotidien des morts, à suivre des reportages angoissants sur les services hospitaliers engorgés, etc., ne fait que renforcer notre anxiété et perturber notre équilibre chimique et émotionnel. Je n'ai pas hésité à le dire, avec un brin de provocation, en direct sur BFM TV : « Arrêtez de regarder en boucle des images anxiogènes si vous voulez aller mieux ! » « Aller mieux », d'ailleurs, dans tous les sens du terme : tant sur le plan de notre équilibre intérieur/émotionnel que sur le plan de la santé physique, puisque l'on sait que ces deux dimensions sont liées : bien des maladies surviennent après un choc et, inversement, un bon équilibre émotionnel favorise la santé. Ce qui faisait dire à Voltaire, avec un brin d'humour : « Je m'efforce d'être heureux, parce qu'il paraît que c'est bon pour la santé ! » Quand on sait que notre système immunitaire est aussi relié à notre équilibre émotionnel, ce que m'ont confirmé le Dr Rougier et plusieurs amis médecins, on a sacrément intérêt à cultiver nos émotions positives en période de pandémie !

Lorsque nous sommes fragilisés, angoissés, déstabilisés, il n'y a sans doute pas de meilleur remède que de rechercher ce qui nous procure du plaisir ou de la joie : savourer des mets qu'on aime, faire du sport, cultiver son jardin, s'adonner à une activité créatrice, se promener dans la nature, téléphoner à un ami cher, écouter un morceau de musique qui nous apaise, faire du yoga, méditer, regarder un film qui nous met de bonne humeur, lire des poèmes, savourer un bon verre de vin… Cela m'évoque aussi ce qu'affirme Spinoza dans son livre IV de *L'Éthique* : « Un affect ne peut être supprimé ou contrarié que par un affect plus fort que l'affect à contrarier[3]. » Tout est dit : on ne peut quitter une émotion ou un sentiment de peur, de tristesse, de colère, une dépression, qu'en mobilisant une autre émotion ou sentiment positif : du plaisir, de la gratitude, de l'amour, de la joie. De manière générale, mais davantage encore en période de crise, recherchons toute expérience qui nous procure des émotions positives, de la satisfaction de vivre.

5

Ralentir et savourer l'instant

« Hâte-toi de bien vivre et songe que chaque jour est à lui seul une vie [4] », écrivait le philosophe stoïcien Sénèque à son ami Lucilius. L'expérience du confinement aura été pour un grand nombre de personnes l'occasion de ralentir et d'expérimenter un autre mode de vie, moins tourné vers l'action et le monde extérieur et davantage centré sur l'intériorité et la qualité de vie. Comme je viens de l'évoquer, cela a pu produire un dérèglement émotionnel et biochimique, mais si nous avons su trouver d'autres activités satisfaisantes ou la possibilité de nous investir de manière plus intense dans moins d'activités, nous aurons pu retrouver un bon équilibre. Nous aurons peut-être en effet découvert que nous prenons plus de plaisir à prendre le temps de faire les choses, ou même à consacrer du temps à ne rien faire, à contempler un paysage, à rêvasser, à être à l'écoute de nos états d'âme après une conversation avec un proche, la lecture d'un livre ou le visionnage d'un film. Ce ralentissement imposé de nos modes de vie peut avoir un effet très bénéfique et nous donner envie de continuer à vivre plus lentement. Plusieurs personnes m'ont confié vouloir quitter la suractivité des grandes métropoles, rester dans un rythme de vie plus naturel et adapté à nos besoins fondamentaux. Cette prise de recul imposée par la pandémie a fait prendre conscience à beaucoup que nos vies modernes, trépidantes, ne nous épanouissaient guère, que nous avions besoin de plus de temps pour bien faire les choses et savourer pleinement la vie.

Les neuroscientifiques se sont posé la question de savoir à quel moment, dans quelles conditions, notre cerveau produisait les principaux neuromédiateurs que j'ai évoqués dans le chapitre précédent. La technique d'imagerie cérébrale a permis d'observer des centaines d'individus et d'aboutir au constat suivant : la seule condition nécessaire pour que notre cerveau produise les principales substances nécessaires à notre bien-être et à notre équilibre émotionnel (comme la dopamine ou la sérotonine), c'est d'être pleinement attentif à ce que l'on fait. Une personne qui effectue une tâche en pensant à autre chose, ou qui fait plusieurs choses à la fois, sera en déficit de dopamine ou de sérotonine. En revanche, un individu concentré sur son travail ou sur une activité quelconque, attentif à ce qu'il regarde ou écoute, etc. aura un bon équilibre en neuromédiateurs, ce qui augmentera son plaisir et son sentiment de bien-être. Force est pourtant de constater que notre attention est souvent dispersée : nous faisons la cuisine en parlant à nos proches, en aidant nos enfants à faire leurs devoirs ou en écoutant la radio (et parfois les quatre à la fois !). Nous marchons dans la rue en téléphonant et nous nous promenons dans la nature en ruminant nos soucis personnels ou professionnels, etc. Cette dispersion d'attentio est certainement une des causes de la prolif tion de l'anxiété, du stress, des burn-out dépressions, puisqu'elle entraîne un déséquilibre biochimique qui perturbe notre humeur et nos émotions. Plutôt que de prendre des antidépresseurs, il serait tellement plus naturel et efficace de changer notre manière de vivre, de prendre le temps de faire les choses, de savourer chaque menu plaisir du quotidien, de redevenir présent et attentif à soi, aux autres et à tout ce que nous faisons.

Je trouve passionnant que les découvertes scientifiques les plus contemporaines sur la chimie du cerveau rejoignent les intuitions des Anciens : « Pendant que nous parlons, le temps jaloux a fui. Cueille le jour (*carpe diem*), sans te fier à demain[5] », écrivait le poète Horace au premier siècle de notre ère. Plusieurs siècles auparavant, le philosophe Épicure nous invitait déjà à jouir pleinement du moment présent pour être heureux, et les sages stoïciens prônaient comme attitude de vie la *prosochè*, la concentration sur le moment présent, délivrée des attaches du passé et des soucis de l'avenir. Marc Aurèle, cet empereur romain pétri de philosophie stoïcienne, écrivait ainsi dans ses *Pensées* : « Ne te laisse pas troubler par la représentation de toute ta vie (...) Voilà ce qui suffit : le jugement fidèle à la réalité que tu émets dans l'instant présent, l'action communautaire que tu accomplis dans l'instant présent, la disposition à accueillir avec bienveillance dans l'instant présent tout événement que produit la cause extérieure[6]. » En bon épicurien, Montaigne insiste dans ses *Essais*, sur la nécessité de prendre conscience et de savourer les moments heureux de l'existence, et d'en jouir pleinement dans l'instant, sans autre souci : « Quand je danse, je danse ; quand je dors, je dors[7]. »

J'ajouterais cependant une nuance importante : lorsque nous traversons un moment difficile, il peut être utile de se remémorer des bons moments du passé. Cela n'a rien à voir avec une rumination triste : au contraire, il s'agit de se concentrer sur un souvenir heureux et d'en revivre toutes les sensations dans le présent, à l'image de Marcel Proust qui réactive par la sensation délicieuse d'une madeleine trempée dans du thé le souvenir de son enfance. Épicure nous dit d'ailleurs qu'il faut s'efforcer de vivre dans l'instant, sauf sous la torture ou de grandes souffrances, durant lesquelles il est préférable de se remémorer un moment joyeux, telle la compagnie agréable d'un être cher, afin de diminuer la douleur. Pendant le premier confinement, plusieurs personnes isolées m'ont confié avoir eu recours à cette anamnèse pour mieux supporter leur solitude. Un ami m'a aussi dit qu'il avait profité de ce temps pour se replonger avec joie dans les BD de son enfance et une autre qu'elle avait cherché à retrouver les recettes de cuisine des petits plats que sa grand-mère lui mijotait !

Depuis le Bouddha, les sages de l'Inde recommandent cette pratique de l'attention dans l'instant présent et ont mis au point des techniques de méditation qui visent, dans un premier temps, à calmer notre mental. En effet, nous sommes sans arrêt en train de penser à quelque chose, et ce flot incessant nous empêche d'être pleinement présent et disponible. La première étape de la méditation bouddhiste vise donc à l'obtention du calme intérieur (*samatha*, en sanscrit). La tradition préconise la position assise, le dos bien droit. Les yeux fermés ou mi-clos, je porte mon attention sur ma respiration afin de favoriser le calme mental. J'accueille tout ce qui se présente (pensées, sensations, émotions) sans réfléchir, ni porter de jugement. Mon esprit est présent, attentif, vigilant, sans être tendu ni réflexif. J'observe les pensées qui passent, sans les suivre. Cet exercice très simple, que je pratique quotidiennement depuis plus de trente-cinq ans a d'excellentes vertus thérapeutiques : il favorise la paix intérieure, le calme émotionnel, la concentration, la prise de distance et le détachement. C'est la raison pour laquelle la méditation est devenue, au cours des dernières décennies, un vaste mouvement laïque sous l'impulsion du médecin américain Jon Kabat-Zinn, fondateur de la Mindfulness (pleine conscience), popularisée en France par le Dr Christophe André. Des milliers d'études scientifiques ont montré que la pratique quotidienne de la méditation réduisait considérablement le stress et l'anxiété. C'est la raison pour laquelle elle est de plus en plus souvent proposée dans les prisons et les hôpitaux (plus de 500 établissements aux États-Unis).

Je la recommande vivement à toute personne ayant subi un traumatisme ou qui traverse une période de stress. De dix à vingt minutes par jour peuvent déjà suffire pour commencer à observer – le plus souvent après deux à trois semaines de pratique quotidienne – des changements significatifs dans notre humeur, notre vie émotionnelle ou notre esprit. Nous ne sommes pas obligés de méditer assis dans notre chambre : nous pouvons le faire n'importe où, lorsque nous sommes tranquilles. Il m'arrive de méditer dans la nature, dans un taxi, sur un banc public. Cette pratique a évidemment aussi un profond impact spirituel. En développant un silence et un espace intérieurs, elle renforce notre esprit, le rend plus disponible aux intuitions, plus ouvert au discernement, davantage capable de distanciation et de détachement. Elle nous aide à édifier ce que Marc Aurèle appelle

« la citadelle intérieure », cet espace intime que rien ne pourra venir troubler. Elle favorise la quête principale des épicuriens et des stoïciens : l'ataraxie (l'absence de trouble, la tranquillité de l'âme). Quoi de plus utile à développer pour rester sereins lorsque nous vivons dans un monde de plus en plus chaotique et imprévisible ?

6

Resserrer les liens

« L'Homme est un animal social », affirmait le philosophe grec Aristote. Il est dans sa nature de vivre en relation étroite avec ses semblables, comme d'ailleurs la plupart des animaux. J'ai aussi évoqué le fait qu'un bébé ne pouvait survivre sans se sentir aimé et que le sentiment d'appartenance était un de nos besoins les plus fondamentaux, qui nous apporte aussi bien la sécurité intérieure que la possibilité de grandir, de nous développer harmonieusement. Le psychanalyste anglais John Bowlby a montré que l'attachement *secure* primaire permet à l'enfant de tisser plus tard d'autres liens socio-affectifs qui faciliteront la résilience. Lorsque nous sommes affectés par un trauma, les liens socioaffectifs sont en effet essentiels pour se reconstruire, pour rebondir, pour retrouver la confiance nécessaire afin d'avancer dans la vie.

La crise du Covid-19 a à la fois éprouvé nos liens et nous a permis de les resserrer. Elle les a éprouvés de deux manières. Tout d'abord, par la distance physique de protection : nous avons cessé de nous toucher dans les rapports sociaux et nous avons développé une peur de l'autre, liée à une possible contamination. Ensuite, par le confinement, qui nous a séparés de certains de nos proches, de nos amis, de nos collègues de travail, de tous ceux que nous avions l'habitude de côtoyer dans notre vie quotidienne. Comme nous venons de le voir, ce vide relationnel peut provoquer des dégâts importants sur notre équilibre émotionnel, et il nous aura fallu le compenser, principalement par Internet. Autant je suis souvent critique sur les dérives de cet outil, liées notamment à l'appauvrissement des liens et aux addictions qu'il entraîne, autant je reconnais que durant cette période inédite des confinements, il aura été extrêmement précieux pour se relier aux autres. On a vu les groupes WhatsApp exploser et les visioconférences ont favorisé le maintien d'un contact visuel avec nos amis et collègues de travail. Je connais aussi des thérapeutes qui ont traité à distance des personnes, notamment en utilisant des techniques comme l'EMDR, qui aident à gérer le stress ou la peur. Nombreux aussi sont ceux qui ont utilisé des applications pour faire du sport, du yoga, et même de la méditation en groupe. En lien avec un musicien, une amie sophrologue a mis en place des méditations hebdomadaires, conçues comme des voyages intérieurs autour de sons de pluie, de vagues, d'oiseaux, etc. Autant de voyages qui permettent de s'apaiser, de s'évader, de se projeter hors de nos murs.

Un rituel collectif s'est rapidement mis en place sur le plan national et dans différents pays : ouvrir sa fenêtre pour applaudir les soignants, tous les soirs à 20 heures, ce qui a renforcé le lien collectif dans un élan commun de gratitude envers ceux qui risquaient leur vie pour sauver celle des autres. De tels rituels soudent les peuples en temps de crise, mais permettent aussi de développer sa bienveillance, sa gratitude et sa compassion, trois sentiments positifs qui renforcent la relation aux autres et le bien-être émotionnel. Bref, durant cette crise, nous n'avons pas été en manque de créativité pour maintenir ou renforcer les liens entre humains, et c'est une des conditions essentielles de la résilience.

Néanmoins, durant cette expérience du confinement, le lien avec nos plus proches (nos conjoints, nos anciens, nos enfants) aura souvent été problématique. Les familles ont été confinées dans des lieux parfois exigus, et la cohabitation n'a pas toujours été facile. Retrouver son conjoint le soir et le week-end est une chose, l'avoir toute la journée près de soi en est une autre : cela en a réjoui certains, mais déstabilisé d'autres. Des couples se sont renforcés, d'autres se sont éloignés ou séparés. Tout traumatisme et toute modification brutale de ses habitudes sont déstabilisants et constituent une épreuve de vérité pour les couples. Lorsque les partenaires sont capables de communiquer de manière constructive, ils peuvent trouver une issue à la crise qu'ils traversent. Sinon, leur relation peut se dégrader jusqu'à des actes répétés de violence verbale et physique. Diverses sources médicales, associatives et policières, révèlent ainsi que les violences conjugales, mais aussi les violences envers les enfants ont été en forte hausse pendant les confinements.

C'est sans doute pour nos aînés et nos enfants que le confinement a été le plus éprouvant. J'ai brièvement évoqué le cas de ma vieille maman de 95 ans qui est restée isolée pendant deux mois sans voir personne, hormis très brièvement une employée de sa maison de retraite. Elle a su trouver des forces en elle pour surmonter ce terrible sentiment de solitude, mais certains ont été totalement déstabilisés, et d'autres se sont laissés mourir. Un de mes meilleurs amis travaille comme médecin dans des EHPAD. Il m'a raconté la souffrance terrible de nombreuses personnes déboussolées par ces changements brutaux de leurs habitudes et par une trop grande solitude. D'ailleurs, une dame de 90 ans lui a confié préférer prendre le risque d'être contaminée par le virus, quitte à en mourir, plutôt que de rester plus longtemps sans voir ses enfants et petits-enfants. Cette interminable absence de ses proches la rendue profondément triste. Si à l'avenir, nous sommes conduits à revivre une telle période, il faudra certainement faire preuve de davantage de souplesse et d'ingéniosité dans les EHPAD pour parvenir à mieux concilier la nécessaire protection des humains et le tout aussi indispensable besoin de contacts de nos anciens.

Les enfants ont, bien souvent aussi, été les victimes des conséquences sociales de cette crise. L'arrêt de l'école, comme l'angoisse des adultes, les ont perturbés. Le discours martial du président de la République a peut-être eu la vertu de mobiliser nos concitoyens et de les inciter à la discipline pour lutter contre la propagation du virus, mais il est perturbant pour un enfant d'entendre parler de « guerre ». De même, la litanie quotidienne du nombre de morts est très anxiogène pour des enfants qui ne peuvent pas mettre ces chiffres en perspective avec d'autres pour les relativiser.

Les enfants sont des éponges émotionnelles qui absorbent les angoisses des adultes. La peur est aussi contagieuse que les virus, et il est capital, pour eux comme pour nous, de ne pas entretenir un climat d'angoisse dans nos foyers en laissant par exemple la télé allumée sans interruption sur une chaîne d'informations continue, ou en ne parlant à table que de la situation sanitaire.

Les enfants, tout autant que les adultes, ont souffert aussi du manque de liens : ils n'ont pas vu leurs camarades d'école ou de leurs activités de loisirs, les membres de leur famille élargie (grands-parents, cousins, etc.), et le lien avec leurs parents et frères et sœurs a pu se révéler particulièrement conflictuel du fait de la promiscuité. Ils ont passé trop de temps sur leurs tablettes et ordinateurs, et beaucoup ont été en manque de contact avec la nature et les espaces verts. Le déconfinement s'est révélé aussi problématique : comment faire pour que des enfants (à l'école ou ailleurs) puissent respecter les consignes sanitaires : ne pas se toucher, rester à un mètre les uns des autres, parfois porter des masques, etc. ? Cela peut laisser sur eux une empreinte traumatique durable, peut-être même une phobie de l'autre ou du toucher. Déjà, nos adolescents, du fait de leur culture du virtuel, étaient de moins en moins enclins au contact physique, alors on peut s'inquiéter aujourd'hui de l'impact négatif que pourra avoir cette crise, lorsqu'on sait l'importance des liens de tendresse physique pour le bon développement psychoaffectif de l'enfant et de l'adolescent. J'ai déjà évoqué le rôle crucial pour notre bien-être de l'ocytocine, l'hormone du lien affectif. Or, celle-ci se développe principalement par les contacts physiques : les baisers, les câlins, les gestes tendres. Entretenons, autant que nous le pouvons, ces liens de tendresse avec nos proches, et notamment nos enfants, car ils sont essentiels à la résilience. La présence d'animaux de compagnie dans les foyers favorise également ces échanges tactiles de tendresse et aident beaucoup les enfants.

Les pédopsychiatres se sont aussi inquiétés pendant la crise de la souffrance accrue des enfants souffrant de handicap, d'hyperactivité ou de troubles de l'attention. Le confinement a été, pour eux et leurs parents, une épreuve particulièrement rude. Si une telle situation devait se reproduire, il faudrait, là encore, que le gouvernement fasse preuve de plus de souplesse pour que ces enfants puissent avoir davantage de possibilités de bouger et d'entretenir des liens sociaux. Comme après tout choc émotionnel, il est nécessaire que nous prenions conscience du traumatisme vécu par les enfants et que nous puissions les aider à en parler, à verbaliser leurs émotions et leurs ressentis, à élaborer leur pensée et à la partager.

En 2016, j'ai créé avec Martine Roussel Adam la fondation et l'association SEVE, qui vise à développer des ateliers de philosophie et de pratique de l'attention, principalement dans les écoles, pour aider les enfants et les adolescents à grandir en discernement et en humanité. Pendant cette crise, pour des raisons sanitaires, nous avons dû stopper nos ateliers, mais à chaque fois que nous l'avons pu, nous sommes restés en lien avec des groupes d'enfants par téléphone ou visioconférence. Plus que jamais, les enfants se posent des questions existentielles liées à la peur : sommes-nous dans une « vraie » guerre ? Faut-il avoir peur de tout le monde ? Est-ce que mes grands-parents vont mourir ? Mais aussi à la liberté : est-ce que je suis encore libre si je suis confiné(e) à la maison ? À l'amitié : ai-je encore des amis si je ne les vois plus ? Dès aujourd'hui, et pendant plusieurs mois sans doute, les parents et les équipes pédagogiques vont avoir à faire face à tous ces questionnements et au débordement d'émotions vécues. La tâche, ajoutée à toutes les consignes sanitaires va être très difficile pour eux, et pourtant elle est cruciale pour que les classes retrouvent un climat propice aux apprentissages. Nous devons les accompagner. C'est pourquoi SEVE participe à la conception d'une mallette pédagogique numérique : Covid'Ailes. Ce projet initié par Rebecca Shankland, enseignante chercheuse en psychologie positive à l'université de Grenoble, et l'association Essen-si'ailes, a fédéré des experts, des professionnels de l'éducation et de la santé, ainsi que plusieurs associations. La mallette comporte des ateliers clés en main autour de la réflexion philosophique et des compétences psychosociales afin d'aider les enfants à développer leurs ressources et leurs compétences cognitives, émotionnelles et sociales et ainsi à reprendre leur envol après les confinements. Elle est mise gracieusement à disposition de l'ensemble des établissements scolaires.

7

Donner du sens

Après les étapes de résistance et d'adaptation, le processus de résilience – de reconstruction et de croissance intérieure – s'approfondit avec le resserrement de nos liens affectifs et sociaux, mais aussi par notre capacité à donner du sens à notre vie. Je dis bien « donner du sens à notre vie » et non « chercher le sens de la vie ». En effet, il ne s'agit pas tant d'un questionnement métaphysique sur le sens de la vie humaine, si important soit-il, que de chercher à donner du sens à sa propre existence. Peut-être existe-t-il autant de sens que d'individus, peu importe. Ce qui compte, pour mieux vivre, mais aussi pour se reconstruire après un traumatisme, c'est que chaque individu puisse donner une signification et une direction à son existence.

Donner une *signification* à sa vie, c'est trouver des raisons de vivre. C'est tenter de répondre, même provisoirement, à la question : pourquoi ai-je envie de continuer à vivre ? Cette question est d'autant plus forte lorsque nous sommes confrontés à la proximité de la mort : au fond, est-ce que je me bats juste pour survivre, de manière pulsionnelle et par peur de la mort, ou bien est-ce que je souhaite encore vivre pleinement ? Et si oui, pourquoi ? Qu'est-ce que je désire encore accomplir que je n'ai pas pu réaliser ? Qu'est-ce qui me semble essentiel, important, superflu ? Quelles sont les choses précieuses auxquelles je souhaite consacrer mon énergie pour le temps qui me reste à vivre ? Existe-t-il des personnes autour de moi à qui je souhaite donner de l'amour ? Avec lesquelles je souhaite construire un projet individuel ou collectif ? Que je pourrais aider et soutenir ? À qui je pourrais transmettre quelque chose qui soit utile ? En m'interrogeant de la sorte, je peux parvenir à donner une signification à mon existence, à trouver de bonnes raisons de vivre.

Toutes ces raisons me permettront de donner une *direction* à mon existence, c'est-à-dire de faire des choix. Elles m'aideront à m'entourer des bonnes personnes, à choisir les activités qui me conviennent, à bien gérer mon temps, à cultiver ce qui me fait grandir et me met en joie et à délaisser ce qui me diminue ou me plonge dans la tristesse, pour en revenir à l'axiome spinoziste évoqué plus haut. Spinoza nous dit aussi que « le désir est l'essence de l'homme[8] », le moteur de toutes nos actions. Dès lors, ce qui compte pour réussir ma vie, c'est d'apprendre, en s'appuyant sur la raison et l'expérience, à orienter mes désirs vers des personnes, des choses, des idées, qui sont bonnes pour moi. Et, inversement, à cesser de désirer des personnes, des choses ou des idées qui me font du mal, me diminuent. Les principaux choix que nous avons à faire dans notre existence sont ceux de la juste orientation de nos désirs. Pour bien vivre, il ne s'agit nullement de cesser de désirer, mais d'apprendre à bien cibler nos désirs. Et leur juste orientation dépendra de la qualité de notre discernement et du sens que l'on entend donner à notre vie. Nos raisons de vivre et la direction que nous souhaitons donner à notre existence conditionnent le choix de nos valeurs, mais aussi l'ordre de celles-ci. C'est ce qu'on appelle en philosophie l'axiologie. Est-ce que, par exemple, je privilégie ma liberté sur l'engagement dans une relation, ou l'inverse ? Est-ce que je place au premier plan ma vie professionnelle au détriment éventuel de ma vie familiale, ou le contraire ? Nous sommes tous, que nous en ayons conscience ou non, continuellement confrontés à ce type de choix de valeurs et ceux-ci peuvent évoluer au fil de notre existence.

Quand nous traversons une crise de vie, de quelque nature que ce soit, la question du sens refait surface. Parfois, nous la refoulons. Mieux vaut pourtant la saisir à bras-le-corps, car elle nous aidera de manière décisive à repartir de l'avant et à nous reconstruire. Il est bien évident que la croyance en Dieu, en la vie éternelle, ou un engagement sur un chemin spirituel donnent des raisons de vivre. Les personnes ayant une foi profonde sont souvent celles qui résistent le mieux aux grandes épreuves de la vie. Mais pas uniquement. Viktor Frankl, un éminent médecin psychiatre autrichien, disciple de Freud, a vécu une tragédie personnelle qui l'a conduit à placer la question du sens de la vie au cœur de tout processus de résilience.

Lorsque les nazis envahissent l'Autriche, Frankl refuse d'euthanasier les malades mentaux. En 1942, il est déporté avec sa femme, ses parents et son jeune frère. À sa libération du camp d'Auschwitz, en 1945, il apprend que tous les membres de sa famille sont morts en déportation. Il réalise alors que ce qui lui a permis de tenir pendant trois ans dans les camps de la mort l'aide encore à surmonter cette nouvelle tragédie : il a su donner un sens à son existence, malgré l'horreur et l'absurde. Ce sont ses raisons de vivre qui vont l'aider à se reconstruire et à ne pas tomber en dépression ou dans le désespoir, comme ce sont elles qui l'ont aidé à survivre dans l'enfer des camps nazis. « Pour survivre, il faut cultiver une raison de vivre » : tel est le message que transmet Viktor Frankl dans la théorie du sens de la vie qu'il élabore, la *logothérapie.* Elle est fondée sur son expérience personnelle, mais aussi sur ce qu'il a observé dans les camps de concentration et qui l'avait interpellé : ce n'était pas les plus robustes, tournés vers l'action, qui survivaient le mieux aux conditions inhumaines des camps, mais ceux, parfois beaucoup plus faibles physiquement, qui avaient des raisons de vivre. « Face à l'absurde, les plus fragiles avaient développé une vie intérieure qui leur laissait une place pour garder l'espoir et questionner le sens, écrit-il (…). Il fallait que nous changions du tout au tout notre attitude à l'égard de la vie. Il fallait que nous apprenions par nous-mêmes et, de plus, il fallait que nous montrions à ceux qui étaient en proie au désespoir que l'important n'était pas ce que nous attendions de la vie, mais ce que la vie attendait de nous. Au lieu de se demander si la vie avait un sens, il fallait s'imaginer que c'était la vie qui nous questionnait, journellement, et à toute heure[9]. » Ce que nous enseigne Viktor Frankl, c'est que celui qui a un « pourquoi » peut vivre avec n'importe quel « comment ».

Que donner du sens à sa vie est le meilleur moyen de survivre, de se reconstruire après une épreuve, de déployer pleinement tout notre potentiel vital pour grandir en humanité.

Le psychologue Carl Gustav Jung fait remarquer que vers le milieu de leur vie, la plupart des individus traversent une crise que l'on pourrait définir, justement, comme une crise du sens. Ils se posent des questions existentielles sur leurs principaux choix de vie, tant sur le plan personnel que professionnel : est-ce que l'existence que je mène me convient ? Ai-je choisi le bon métier ? Est-ce que je désire rester avec mon conjoint ou célibataire ? Ai-je choisi le bon lieu de vie ? De manière générale, les questions centrales sont : est-ce que je suis heureux et est-ce que ma vie a du sens ? Pour Jung, l'individu entame alors un « processus d'individuation », c'est-à-dire un voyage intérieur qui le conduit à descendre dans les profondeurs de lui-même, à la rencontre de son soi, de son être profond, au-delà de toutes les influences extérieures (parents, culture, religion).

Les épreuves de vie, les événements traumatisants, aussi bien sur le plan individuel que collectif, favorisent aussi un processus d'individuation. Parce qu'ils bousculent nos habitudes et ébranlent nos certitudes, parce qu'ils nous confrontent parfois à la mort, ils nous conduisent souvent à nous reposer la question du sens de notre existence et de nos choix de vie. Au cours de ces dernières semaines, j'ai entendu de nombreux témoignages de personnes se posant ce type de questions : vais-je continuer le même travail ? Vais-je rester avec mon conjoint ? Vais-je continuer à vivre en ville ou m'installer à la campagne ? Vais-je continuer à vivre endetté et dépendant des banques, ou choisir un mode de vie plus sobre et libre du système ? Vais-je continuer à vivre sans prendre le temps de savourer l'existence ? Comme je l'évoquais plus haut, toute crise offre des opportunités de changer, de réorienter sa vie, de revoir son échelle de valeurs, d'aller vers l'essentiel. Ne laissons pas passer cette occasion.

8

Devenir libres

La plupart d'entre nous (tous ceux qui n'ont pas connu la Seconde Guerre mondiale) vivons une expérience inédite : la privation de l'un de nos droits les plus fondamentaux, la liberté de circuler. Cette restriction a été légitimée par un certain nombre d'États, dont la France, pour limiter la propagation de l'épidémie de Covid-19 et ainsi protéger la population, notamment les personnes les plus vulnérables. L'argument est recevable, car la sécurité des citoyens est la première mission de l'État, même si on ne manquera pas de s'interroger sur les graves manquements en matière sanitaire qui ont conduit certains pays au confinement obligatoire de l'ensemble de la population : absence de masques de protection, manque de lits dans les hôpitaux, réaction tardive des mesures de protection, etc. *A contrario*, l'exemple de Taïwan ou de la Corée du Sud est remarquable : ces pays étaient préparés (grâce au SRAS) à ce type d'épidémie et, dès janvier 2020, ont imposé les mesures de protection nécessaires, tels la fermeture des frontières et les gestes barrières, ils disposaient de masques en nombre suffisant et ont su dépister à grande échelle leur population. Par conséquent, aucun confinement n'a été nécessaire, et tout un chacun a pu continuer à circuler librement sans que cela favorise le développement de l'épidémie. Au final, ces deux pays n'auront eu que très peu de cas de contaminations et de morts à déplorer, même si l'épidémie est repartie à Séoul au mois de mai 2020, de manière sporadique, entraînant la fermeture des bars et discothèques.

La France est l'exemple inverse : prise de conscience tardive de la menace, pas de dépistage mis en place, absence tragique de masques – les stocks importants ayant été détruits au cours des dernières années pour des raisons économiques –, etc. Dans un tel contexte, le confinement était la seule mesure possible pour éviter une propagation dramatique du virus et la surcharge des hôpitaux qui en aurait découlé. Il aurait pu toutefois ne concerner que les personnes vulnérables ou bien être recommandé par l'État, mais sans contrôle et verbalisation des citoyens, comme ce fut le cas en Suisse ou dans la plupart des pays anglo-saxons. Il est probable que le caractère indiscipliné des peuples latins ait incité la France, l'Italie et l'Espagne à de telles mesures de contrôle de leur population, ce qui est en soi regrettable…, mais c'est un autre problème, sur lequel je reviendrai dans le dernier chapitre à propos de la responsabilité individuelle.

Toujours est-il que le confinement obligatoire nous a privés de notre liberté de circuler ou de travailler pour certains, mais a eu aussi pour conséquence de nous priver de restaurants, de cinémas, de concerts, de théâtre, de coiffeurs, de salles de sport et de nombreuses autres activités sociales ou culturelles qui contribuaient à notre équilibre de vie. Ces privations et ces interdits nous ont aussi plongés dans une situation infantilisante qui a pu réveiller chez certains de la colère, voire un sentiment de révolte. Cette privation de liberté a pu nous perturber et nous apporter un désordre émotionnel plus ou moins grave.

Paradoxalement, elle aura pu aussi nous faire éprouver un sentiment plus grand de liberté. Cela de deux manières. En nous libérant tout d'abord du poids des habitudes, nous aurons pu expérimenter une autre manière de vivre dans laquelle nous avions plus de temps pour nous, pour nos proches, pour vivre des expériences épanouissantes, pour savourer les menus plaisirs de l'existence. Nous aurons alors pu prendre conscience que, bien que libres de faire auparavant ce que nous voulions, nous étions enchaînés par la nécessité de gagner toujours plus d'argent pour subvenir à nos besoins toujours plus nombreux. Que nous étions prisonniers de nos modes de vie et des contraintes sociales qui pesaient sur nous. Que nous étions esclaves de nos pulsions consuméristes. Passé un temps de déstabilisation, plusieurs de mes proches m'ont témoigné avoir ressenti, grâce au confinement, un sentiment de liberté intérieure qui contrastait étrangement avec la privation de leur liberté de mouvement. Un ami, confiné dans la maison de campagne héritée de ses parents, m'a confié ne plus vouloir retourner dans le rythme infernal de sa vie parisienne et être prêt à gagner moins d'argent pour pouvoir conserver ce mode de vie plus sobre, où il se sent plus libre et plus heureux, ainsi que sa femme et ses enfants.

Il est bien évident que cette expérience de liberté retrouvée concerne surtout ceux qui ont pu vivre le confinement dans de bonnes conditions, notamment à la campagne, ou dans des espaces de vie décents. Il en va tout autrement pour ceux dont la privation de liberté de mouvement a été synonyme d'enfermement dans des espaces étroits, les uns sur les autres, ou bien de totale solitude. Le confinement n'a fait que reproduire et amplifier les inégalités de nos sociétés, et c'est une des raisons pour laquelle il faut tout faire à l'avenir pour l'éviter en nous donnant d'autres moyens de lutter contre un risque épidémique. Mais pour ceux qui ont eu la chance de vivre le confinement dans de bonnes conditions, il aura pu constituer une expérience paradoxale de prise de conscience de tous nos attachements habituels, qui nous privent de liberté et nous assujettissent à nos désirs ou à notre besoin de reconnaissance sociale.

D'autre part, on aura pu expérimenter une nouvelle forme de liberté intérieure, et cela quel que soit le confinement que nous avons vécu : celle de réagir positivement ou négativement à la contrainte subie. Je suis en effet convaincu que notre plus grande liberté réside dans la manière dont nous pouvons réagir à un événement extérieur qui nous contrarie. Comme je l'ai déjà évoqué, notre équilibre émotionnel est perturbé, mais nous demeurons libres de cultiver cette peur en regardant la télévision toute la journée, ou bien de cultiver la joie en nous adonnant à des activités qui nous font du bien. Nous demeurons libres de laisser une colère exploser ou de la contenir, de laisser s'enraciner, ou non, un ressentiment, une rancune,

une contrariété. Face à un obstacle ou à une épreuve, nous demeurons libres de faire « contre mauvaise fortune bon cœur », comme le dit si bien l'expression populaire, ou bien de nous « ronger les sangs ». Nous demeurons libres de voir le verre à moitié vide ou à moitié plein, de chercher à nous adapter au mieux, ou pas, à une situation déstabilisante. Et notre plus bel acte de liberté intérieure sera même de savoir utiliser une blessure, une contrainte, une maladie, un échec, un traumatisme de vie pour mobiliser nos ressources intérieures et grandir. C'est le sommet de la résilience, et les personnes qui ont fait ce chemin sont souvent les plus belles et les plus humaines qui soient.

J'ai la conviction profonde que nous ne naissons pas libres : nous le devenons. Nous commençons par être conditionnés par nos gènes, notre éducation, nos affects inconscients. Puis, en apprenant à nous connaître, nous pouvons gagner progressivement en liberté. En sachant tout d'abord orienter nos désirs vers ce qui est vraiment bon pour nous, ce qui nous fait grandir et nous met dans la joie (*conatus* de Spinoza et processus d'individuation de Jung évoqués plus haut). En apprenant ensuite à observer et orienter nos émotions de manière adéquate, afin de conserver la paix intérieure.

Nelson Mandela, qui a passé vingt-sept ans en prison, a su, au sein de sa captivité, développer une profonde liberté intérieure qui lui a permis de pardonner à ses oppresseurs et de rester serein malgré la souffrance et l'injustice. C'est ainsi qu'il a pu, une fois libéré, conduire tout un peuple à la réconciliation. S'il avait cultivé la haine et le ressentiment en prison, qu'en aurait-il été ?

9

Apprivoiser la mort

Comme toutes les épidémies au cours de l'histoire, la crise du Covid-19 a confronté nos sociétés à la question de la mort. Une mort qu'on avait pris l'habitude, en Occident, depuis des décennies, de tenir à l'écart. On meurt majoritairement seul, à l'hôpital, on use d'euphémismes pour l'évoquer : on « part », on « disparaît », on « décède ». Et voici que des sociétés, qui n'avaient connu ni guerres, ni famines, ni pandémies depuis plus d'un demi-siècle, se sont trouvées face à la menace d'une mort imprévisible, collective, face à l'irruption de la tragédie. Or si la moitié de l'humanité a été confinée, c'est parce que les États ont donné une priorité absolue à la lutte contre le virus, afin de sauver le maximum de vies possible. Cela montre combien nos sociétés ont évolué, en l'espace de quelques décennies, dans notre rapport à la mort.

La terrible épidémie de la grippe de Hong Kong, en 1968-1970, a fait plus d'un million de victimes dans le monde, dont 35 000 en France et 50 000 aux États-Unis, et aucun gouvernement n'a pris à l'époque de mesures radicales pour essayer d'enrayer l'épidémie. Mieux encore : on n'en a presque pas fait mention aux informations ! La raison en est simple : cette épidémie, comme le Covid-19, touchait essentiellement les personnes âgées, et on considérait alors dans l'ordre des choses qu'elles puissent mourir d'une « mauvaise grippe ». Cinquante ans plus tard, on juge au contraire normal, et même nécessaire, de tout mettre en œuvre pour protéger les personnes fragiles, quitte à provoquer la pire récession économique de l'histoire ou à priver les gens de liberté. La valeur suprême est dorénavant de protéger la vie de tout être humain.

Cette profonde évolution des mentalités est liée à de nombreux facteurs : progrès de la médecine et de la longévité qui en découle, qui nous donne le sentiment de pouvoir vivre centenaires et en bonne santé ; préoccupation accrue du sort des individus et prise en compte de leur bien-être et de leurs droits ; recul en Occident des croyances religieuses en la vie après la mort… Tout concourt à ce que les opinions publiques exigent de leurs gouvernants qu'ils fassent tout ce qui est en leur pouvoir pour préserver le maximum de vies humaines. Ces derniers l'ont bien compris, et aucun responsable politique ne peut se permettre de nos jours d'être accusé de laxisme en matière de santé publique, comme de sécurité en général.

On peut le comprendre et même se réjouir que la préservation de la vie soit devenue une priorité, mais on peut aussi s'inquiéter d'une civilisation qui placerait des questions sanitaires au cœur de toutes les décisions et qui en ferait la valeur phare. C'est l'inquiétude, à laquelle je souscris, du philosophe André Comte-Sponville : « C'est ce que j'appelle le pan-médicalisme : une idéologie, voire une civilisation, qui fait de la santé la valeur suprême (à la place par exemple de la justice, de la liberté ou de l'amour) et qui tend dès lors à déléguer à la médecine la gestion non seulement de nos maladies, ce qui est normal, mais de nos vies et de nos sociétés, ce qui est beaucoup plus inquiétant ! Attention de ne pas tomber dans l'"ordre sanitaire" (au sens où l'on a parlé d'"ordre moral"), ni dans le "sanitairement correct" (au sens où l'on parle du "politiquement correct") ! Dans une démocratie, c'est le peuple qui est souverain, ce sont ses élus qui font la loi, pas les experts[10]. »

Certes, face à une pandémie comme celle du Covid-19, un bon gouvernant doit prendre l'avis des experts, se poser les enjeux de la question sanitaire, mais il se doit de la mettre en perspective avec d'autres considérations tout aussi importantes : celle des libertés publiques, de l'économie (dont un effondrement peut causer bien des drames humains et, parmi eux, liés aussi à la santé publique), et de nos besoins de liens, que l'obsession sanitaire a souvent occultés.

Cette dernière question concerne directement la manière dont on a parfois laissé mourir, seuls, nos aînés, notamment dans les maisons de retraite. La mort est un des événements les plus importants de l'existence et il est si précieux de se sentir entouré de ses proches – comme d'entourer le mourant. Au cours des derniers mois, j'ai échangé avec quelques amis qui ont perdu leur père ou leur mère. S'il leur était possible d'envisager la mort d'un de leurs parents qui était très âgé ou malade, il leur a été insoutenable de savoir qu'ils ont été seuls au moment de leur mort, qu'ils ont peut-être souffert, que personne ne leur a tenu la main. Et insupportable ensuite de n'avoir pu prendre dans leurs bras leurs proches pour se consoler mutuellement lors des funérailles. Ne laissons plus jamais à l'avenir, sous quelque prétexte sanitaire que ce soit, l'impossibilité pour des familles de se rendre auprès d'un proche en fin de vie. Des précautions doivent être prises (masques, absence de contact du visiteur avec les autres personnes de l'EHPAD ou de l'hôpital), mais aucune ne justifie une telle rigidité, laquelle ne prend en compte que la maximisation de la protection sanitaire, au détriment de toute autre considération humaine.

On peut aussi s'interroger sur la focalisation, presque hystérique, que nous avons faite sur le nombre de victimes du Covid-19. Cette litanie quotidienne des morts, relayée sans relâche par tous les médias et les réseaux sociaux, fut une source d'angoisse, je l'ai évoquée. Imaginons un instant qu'on proclame quotidiennement le nombre de morts dans le monde, toutes causes confondues, nous ne penserions bientôt plus qu'à la mort et non à la vie. Certes le Covid a fait beaucoup de victimes (plus de deux millions en 2020 dans le monde). Mais n'oublions pas que, chaque jour, 25 000 personnes, dont 10 000 enfants meurent de malnutrition (soit respectivement plus de 9 et 3,5 millions par an). Qui s'en soucie ? Notre compassion et notre inquiétude face à la mort sont, bien entendu, à géométrie variable selon qu'on se sente directement concerné ou pas. D'un point de vue émotionnel, on peut le comprendre, mais utilisons aussi notre raison pour relativiser les choses et mettre en perspective la menace du Covid-19 par rapport aux autres menaces qui pèsent sur la vie des humains et sur nos sociétés. J'ai été frappé par les propos du père d'une amie, un homme de 86 ans : « Si je résume la situation, j'ai le droit de mourir de ce que je veux, mais pas du coronavirus. Et à tel point que, pour éviter ça, on compromet l'avenir de la société dans laquelle vivront mes enfants et mes petits-enfants ! »

Mais comment ne pas être entièrement focalisé sur cette pandémie et la mort à éviter à tout prix, quand c'est le seul sujet d'actualité, de préoccupations, le seul moteur de toutes les décisions ? N'oublions pas que notre refus de lutter aujourd'hui efficacement contre le réchauffement climatique nous vaudra infiniment plus de victimes que le Covid-19 dans un futur pas si lointain, et qu'actuellement la malbouffe, l'alcool et le tabagisme tuent des millions de personnes chaque année sans que cela incite les pouvoirs publics à prendre des mesures radicales.

Agissons donc avec raison et apprenons à apprivoiser la mort, c'est-à-dire à vivre avec l'idée que nous mourrons tous un jour et qu'elle fait partie intégrante de la vie… ne serait-ce que parce que si la mort n'existait pas, la vie sur Terre serait impossible ! Je me souviens d'avoir animé un atelier de philosophie dans une classe de CM1 dans la petite ville de Mouans-Sartoux, dans les Alpes-Maritimes, et d'avoir posé aux enfants la question : mieux vaut-il être mortel ou immortel ? L'écrasante majorité de ces enfants de 9-10 ans ont répondu : « mortels ! » Et les arguments avancés sont imparables : on serait beaucoup trop nombreux sur Terre si on était immortels ; les dictateurs continueraient à vivre et à persécuter les gens ; on souffrirait indéfiniment de certaines maladies ou de mal-être ; on ne profiterait pas de la vie en remettant toujours à plus tard les choses importantes, etc. Bref, les enfants comprenaient très bien que la vie appelle la mort et que celle-ci ne doit pas être opposée à la vie, mais considérée comme une des conditions possibles de son émergence et de son développement sur Terre. Cette sagesse des enfants rejoint celle de tous les sages de l'humanité, qui nous rappellent que la mort fait partie intégrante de la vie et qu'il vaut mieux l'apprivoiser, l'intégrer à notre conscience, que la refouler ou la haïr.

Certes, la mort de nos proches nous effraye sans doute davantage que la nôtre. Mais la concevoir comme naturelle et dans l'ordre des choses peut nous aider à prendre un peu de recul et à mieux l'accepter. Si le sage n'a pas peur de la mort, c'est qu'il est dans une profonde acceptation de la vie et de ses lois : la naissance, la croissance, le déclin, la mort. La tradition taoïste rapporte que lorsque Tchouang-tseu a perdu son épouse qu'il aimait profondément, il ne s'est pas lamenté longtemps et a chanté et joué du tambour pour honorer ce moment de la vie, comme on célèbre la succession du printemps, de l'été, de l'automne et de l'hiver.

Plus proche de nous, Montaigne évoque souvent la mort dans ses *Essais*. Après avoir longtemps considéré, tels les philosophes stoïciens, que « philosopher, c'est apprendre à mourir » et qu'il était important de penser souvent à la mort pour ne plus la craindre, il finira par trouver préférable de ne plus y penser pour songer pleinement à vivre... mais sans pour autant la refuser. Toute la sagesse de sa philosophie se résume à une sorte de grand « oui » à la vie et à compenser sa brièveté par la qualité et l'intensité de nos expériences. Il n'y a qu'ainsi que nous pourrons affronter la mort sans regrets. « Principalement à cette heure, écrit Montaigne à la fin des *Essais*, que j'aperçois la mienne [de vie] si brève en temps, je la veux étendre en poids ; je veux arrêter la promptitude de sa fuite par la promptitude de ma saisie, et, par la vigueur de l'usage, compenser la hâtiveté de son écoulement ; à mesure que la possession du vivre est plus courte, il me la faut rendre plus profonde et plus pleine [...]. Pour moi donc, j'aime la vie et la cultive telle qu'il a plu à Dieu de nous l'octroyer [11]. »

Je ne saurais dire mieux. La vie vaut parce qu'elle a une certaine durée. C'est notre finitude qui peut nous inciter à vivre pleinement chaque instant comme une opportunité de joie, de plaisir, de prise de conscience, de connaissance, de croissance, d'amour partagé. Toute proximité de la mort, comme la crise que nous traversons, devrait avant tout nous inciter à vivre mieux et pleinement, plutôt qu'à nous focaliser sur la peur de la mort.

10

Agir et consentir

Avec Sénèque et Marc Aurèle, Épictète est l'un des principaux représentants du stoïcisme romain du début de notre ère. Cet ancien esclave devenu philosophe n'a rien écrit, mais ses disciples ont condensé sa pensée dans deux petits ouvrages qui ont aidé à vivre des générations d'humains depuis deux millénaires : les *Entretiens* et le *Manuel*. Le *Manuel* commence par cette phrase fameuse : « Parmi les choses qui existent, certaines dépendent de nous, d'autres non. De nous dépendent la pensée, l'impulsion, le désir, l'aversion, bref, tout ce en quoi c'est nous qui agissons ; ne dépendent pas de nous le corps, l'argent, la réputation, les charges publiques, tout ce en quoi ce n'est pas nous qui agissons. » Cette distinction fondamentale permet de construire une éthique de vie et de tenter de conserver la sérénité en toutes circonstances. Je suis en effet libre d'agir sur ce qui dépend de moi : mes pensées, mes désirs, mes émotions ; de même que je peux agir sur ce qui relève de mes capacités et moyens d'action : lutter contre une injustice, me soigner si je suis malade, choisir le métier ou le mode de vie qui me convient, etc. En revanche, la bonne santé de mon corps ne dépend pas entièrement de ma volonté ou de ma responsabilité (accident, maladies génétiques, virus, etc.), ainsi que tout ce qui a trait à la reconnaissance sociale et, bien entendu, aux drames collectifs (famine, épidémie, guerre, tsunami, etc.). L'éthique stoïcienne vise à nous rendre conscients de notre responsabilité envers tout ce qui dépend de nous et conscients qu'il ne sert à rien de se laisser contrarier par ce qui ne dépend pas de nous.

Lorsqu'une épreuve survient, il convient donc d'agir de manière appropriée sur ce qui dépend de moi : mes émotions et le pouvoir d'action que je peux exercer sur le monde extérieur. Mais il convient aussi d'accepter ce que je ne peux maîtriser et qui ne dépend pas de moi, si pénible que soit cet événement. Par exemple, si je tombe gravement malade, je vais tout faire pour me soigner au mieux afin de guérir et je vais essayer d'apaiser autant que je le peux mon mental et mes émotions, pour vivre au mieux intérieurement cette épreuve. Mais si j'apprends que cette maladie est incurable, ou que je devrai subir des séquelles handicapantes, mieux vaut l'accepter que le nier ou le refuser. Car le refus de la réalité redouble notre souffrance : nous souffrons du mal qui nous affecte et nous souffrons psychologiquement et moralement du déni ou du refus du réel qui s'impose à nous. Épictète utilise l'image d'un chien attaché à un chariot tiré par deux bœufs, qui représentent la puissance inexorable du destin. Si le chariot tourne à gauche alors que le chien veut aller à droite et qu'il tire de toutes ses forces sur sa corde pour suivre son désir, il sera violemment rappelé à l'ordre par les bœufs et contraint d'aller dans leur direction en souffrant terriblement de la corde qui aura lacéré sa gorge. Une fois qu'il aura compris qu'il n'a d'autre choix que de suivre le chariot, il pourra gambader sans fatigue derrière lui, au lieu de souffrir en se laissant traîner contre son gré. Autrement dit : mieux vaut accepter ce qu'on ne peut changer.

Toutefois, accepter ne signifie pas ici se résigner, subir douloureusement, mais agir librement en disant « oui » à la vie. Un « oui » profond, qui nous libère aussi de la colère ou de la tristesse. Cette acceptation ne doit pas non plus être assimilée au fatalisme religieux, qui engendre la passivité en considérant que tout ce qui arrive est bien puisque c'est la volonté de Dieu ou le fruit du karma.

En Inde, lorsque je suis arrivé à Calcutta à l'âge de 20 ans, j'ai été frappé de voir des gens mourir dans la rue sans que personne tente de les secourir. Un ami hindou, très croyant, m'a expliqué que cela ne le choquait pas, car ces malheureux expiaient ainsi des fautes commises dans des vies antérieures. C'est ce qui m'a conduit à m'engager pendant plusieurs mois à travailler bénévolement avec les missionnaires de la charité de Mère Teresa, et notamment à conduire les personnes que je rencontrais agonisant dans la rue dans des lieux où elles pouvaient mourir dignement, entourées de soins et d'attention. Pour reprendre la distinction fondamentale d'Épictète : il m'était possible d'agir pour soulager cette souffrance que je croisais, et je ressentais comme un devoir impérieux de le faire, alors qu'une attitude fataliste m'en aurait dissuadé. En revanche, il ne dépendait pas de moi que ces personnes, une fois soignées, survivent ou décèdent rapidement, et lorsque cela arrivait, même si je m'étais attaché à elles, j'essayais de l'accepter et de ne pas me laisser envahir par la colère ou la tristesse, comme les médecins qui prenaient soin d'elles et qui devaient conserver une certaine distance émotionnelle pour pouvoir poursuivre leur travail aussi sereinement que possible.

Ainsi comprise, l'acceptation est donc tout sauf du fatalisme ou de la résignation. C'est une décision consciente, responsable, et surtout aimante. C'est parce que j'aime la vie que j'accepte la vie avec toutes ses couleurs et dans toutes ses dimensions : les joies et les peines, les hauts et les bas, les bons et les mauvais moments. C'est ainsi que vivait Montaigne, comme je viens de l'évoquer, mais aussi un penseur plus moderne encore : le philosophe allemand Friedrich Nietzsche. À la manière des Anciens, Nietzsche nous invite à « dire oui » (*ja sagen*) à la vie, à consentir à ce qui est et que nous ne pouvons changer, à aimer le destin (*amor fati*). Pour lui, le malheur et le bonheur font partie de la vie, et si on veut vivre pleinement, et non de manière étriquée, il nous faut tout accepter de celle-ci : les plaisirs et les douleurs, les naissances et les morts, les réussites et les échecs. Il nous invite à aimer la vie comme on aime la musique : une œuvre musicale nous touche parce qu'elle alterne les sons et les silences, des moments enlevés, joyeux, et des moments plus lents et tristes, ou bien des passages harmonieux et d'autres plus dissonants. C'est ce contraste qui fait la beauté de la vie, comme il l'écrit dans *Ecce homo* : « Ma formule pour ce qu'il y a de grand dans l'Homme est *amor fati* : ne rien vouloir d'autre que ce qui est, ni devant soi, ni derrière soi, ni dans les siècles des siècles. Ne pas se contenter de supporter l'inéluctable, et encore moins se le dissimuler (...) mais l'aimer. »

Les crises collectives telles que celle du Covid-19 peuvent nous inviter à mettre en œuvre les deux dimensions de l'éthique stoïcienne : agir et consentir. Agir sur ce qui dépend de moi : me protéger et protéger les autres, c'est-à-dire être responsable. Je dois faire tout ce qui est en mon pouvoir pour ne pas propager l'épidémie, ce qui ne signifie pas pour autant vivre terré dans la peur, car il est irrationnel de craindre ce virus comme s'il était aussi mortel que la peste ou Ebola. Comme je l'ai déjà évoqué, les gestes barrières et le port du masque suffisent à contenir l'épidémie, et les pays qui ont le mieux lutté contre la propagation du virus sont ceux qui se sont avant tout appuyés sur la responsabilité individuelle de leurs citoyens. Dans ces pays, surtout asiatiques, il ne viendrait d'ailleurs à l'esprit de personne de porter plainte contre l'État pour mise en danger de la vie d'autrui, comme cela s'est vu en France. Un certain nombre de nos concitoyens sont tellement habitués à tout attendre de l'État, qu'il leur paraît normal que celui-ci les protège de tout, y compris de la maladie et de la mort ! Qu'il y ait eu des erreurs de jugement dans la gestion de la crise et des décisions inappropriées par le passé (comme la destruction des masques ou la soumission des hôpitaux à une logique de rentabilité), c'est une évidence, mais les comptes que nous devons demander à nos dirigeants doivent rester dans le domaine du politique – et les échéances électorales sont un moyen de sanctionner leur action ou de la soutenir – et non dans celui du juridique. Nous ne pouvons décharger notre responsabilité sur nos gouvernants et tout attendre d'eux, comme si la santé était un droit garanti par l'État. Nous sommes les premiers responsables de notre santé et des moyens de la préserver au mieux.

Comme je l'ai évoqué tout au long de ces pages, il relève aussi de notre responsabilité de vivre au mieux avec les pandémies et leurs conséquences, en cultivant nos émotions positives, en nous adaptant, en resserrant nos liens avec les autres, en essayant de saisir de nouvelles opportunités qui s'offrent à nous, et en acceptant, le plus joyeusement possible, ce que nous ne pouvons pas changer. Toute résilience s'appuie sur notre volonté et notre désir de guérir, de nous adapter, de grandir, d'accepter et d'aimer la vie comme elle est, et non pas comme nous voudrions qu'elle soit. Nous avons vu que nous ne pouvions entrer en résilience que si nous avions été aimés, ne serait-ce que par une seule personne, de manière inconditionnelle. Mais nous ne pourrons aller jusqu'au bout du processus de guérison intérieure que si nous apprenons aussi à aimer la vie de manière inconditionnelle. Nous découvrirons alors que le bonheur et la joie sont en nous et non dans les conditions extérieures. Qu'ils résident dans notre capacité d'agir et de réagir, dans le regard que nous portons sur nous-mêmes et sur le monde. Comme le dit encore Épictète dans son *Manuel* : « Ce qui tourmente les Hommes, ce n'est pas la réalité, mais les jugements qu'ils portent sur elle. » Formule saisissante qui fait écho à celle de Tilopa, un moine bouddhiste du IXe siècle : « Ce ne sont pas les choses qui te lient, mais ton attachement aux choses. » Autrement dit, le bonheur, la sérénité ou la satisfaction de notre existence ne dépendent pas tant des événements toujours aléatoires du monde extérieur (santé, richesse, honneurs, etc.) que de l'harmonie de notre monde intérieur.

NOTES

1. Antonio Damasio, *Spinoza avait raison. Joie et tristesse. Le cerveau des émotions*, Paris, Odile Jacob, 2013, p. 40.

2. Tchouang-tseu, *Œuvre complète*, livre 19, Paris, Gallimard, « Folio essai », 1969.

3. Spinoza, *Éthique*, IV, proposition 7.

4. Sénèque, *Lettres à Lucilius.*

5. *Odes*, I, 11,7.

6. *Pensées*, VIII, 36 et IX, 6.

7. *Essais*, III, 13.

8. *Éthique*, III, définition des sentiments, 1.

9. Dossier « La maladie a-t-elle un sens ? De la culpabilité à la responsabilité », *Enquêtes de santé*, août-septembre 2010, numéro 2, p. 23.

10. *Le Point*, « Attention au sanitairement correct », 16 avril 2020.

11. *Essais*, III, 13.

Table

Du même auteur :
(ouvrages disponibles)

Essais et documents

Les Chemins du sacré, Éditions de l'Observatoire, 2020.
Méditer à cœur ouvert, Robert Laffont ; 2018, Pocket, 2019.
La Sagesse expliquée à ceux qui la cherchent, Seuil, 2018.
Le Miracle Spinoza, Fayard, 2017 ; Le Livre de Poche, 2019.
Lettre ouverte aux animaux (et à ceux qui les aiment), Fayard, 2017 ; Le Livre de Poche, 2018.
Philosopher et méditer avec les enfants, Albin Michel, 2016 ; Le Livre de Poche, 2020.
La Puissance de la joie, Fayard, 2015 ; Le Livre de Poche, 2017.
François, le printemps de l'Évangile, Fayard, 2014 ; Le Livre de Poche, 2015.
Du bonheur, un voyage philosophique, Fayard, 2013 ; Le Livre de Poche, 2015.
La Guérison du monde, Fayard, 2012 ; Le Livre de Poche, 2014.

Petit traité de vie intérieure, Plon, 2010 ; Pocket, 2012.
Comment Jésus est devenu Dieu, Fayard, 2010 ; Le Livre de Poche, 2012.
La Saga des francs-maçons, avec Marie-France Etchegoin, Robert Laffont, 2009 ; Points, 2010.
Socrate, Jésus, Bouddha, Fayard, 2009 ; Le Livre de Poche, 2011.
Petit traité d'histoire des religions, Plon, 2008 ; Points, 2011.
Tibet, 20 clés pour comprendre, Plon, 2008, Prix « Livres et droits de l'homme » de la ville de Nancy ; Points, 2010.
Le Christ philosophe, Plon, 2007 ; Points, 2009.
Code Da Vinci, l'enquête, avec Marie-France Etchegoin, Robert Laffont, 2004 ; Points, 2006.
Les Métamorphoses de Dieu, Plon, 2003, Prix européen des écrivains de langue française 2004 ; Plon, « L'Abeille », 2019.
L'Épopée des Tibétains, avec Laurent Deshayes, Fayard, 2002.
La Rencontre du bouddhisme et de l'Occident, Fayard, 1999 ; Albin Michel, « Spiritualités vivantes », 2001 et 2012.
Le Bouddhisme en France, Fayard, 1999.

FICTION

Juste après la fin du monde, conte de sagesse, NiL, 2021.
La Consolation de l'ange, roman, Albin Michel, 2019 ; Le Livre de Poche, 2021.

Cœur de cristal, conte, Robert Laffont, 2014 ; Pocket, 2016.

Nina, avec Simonetta Greggio, roman, Stock, 2013 ; Le Livre de Poche, 2014.

L'Âme du monde, conte de sagesse, NiL, 2012 ; version illustrée par Alexis Chabert, NiL, 2013 ; Pocket, 2014.

La Parole perdue, avec Violette Cabesos, roman, Albin Michel, 2011 ; Le Livre de Poche, 2012.

Bonté divine !, avec Louis-Michel Colla, théâtre, Albin Michel, 2009.

L'Oracle della Luna, roman, Albin Michel, 2006 ; Le Livre de Poche, 2008.

La Promesse de l'ange, avec Violette Cabesos, roman, Albin Michel, 2004, Prix des Maisons de la Presse 2004 ; Le Livre de Poche, 2006.

Le Secret, fable, Albin Michel, 2001 ; Le Livre de Poche, 2003.

ENTRETIENS

D'un monde à l'autre, avec Nicolas Hulot, Fayard, 2020.

Oser l'émerveillement, avec Leili Anvar, Albin Michel, 2016.

Sagesse pour notre temps, avec Leili Anvar, Albin Michel, 2016.

Dieu, Entretiens avec Marie Drucker, Robert Laffont, 2011 ; Pocket, 2013.

Mon Dieu… Pourquoi ?, avec l'abbé Pierre, Plon, 2005.

Mal de Terre, avec Hubert Reeves, Seuil, 2003 ; Points, 2005.

Le Moine et le Lama, avec Dom Robert Le Gall et Lama Jigmé Rinpoché, Fayard, 2001 ; Le Livre de Poche, 2003.

Sommes-nous seuls dans l'univers ?, avec J. Heidmann, A. Vidal-Madjar, N. Prantzos et H. Reeves, Fayard, 2000 ; Le Livre de Poche, 2002.

Entretiens sur la fin des temps, avec Jean-Claude Carrière, Jean Delumeau, Umberto Eco, Stephen Jay Gould, Fayard, 1998 ; Pocket, 1999.

Le Temps de la responsabilité. Entretiens sur l'éthique, postface de Paul Ricœur, Fayard, 1991 ; nouvelle édition, Pluriel, 2013.

Direction d'ouvrages encyclopédiques

La Mort et l'immortalité. Encyclopédie des croyances et des savoirs, avec Jean-Philippe de Tonnac, Bayard, 2004.

Le Livre des sagesses, avec Ysé Tardan-Masquelier, Bayard, 2002 et 2005 (poche).

Encyclopédie des religions, avec Ysé Tardan-Masquelier, 2 volumes, Bayard, 1997 et 2000 (poche).

PAPIER À BASE DE FIBRES CERTIFIÉES

Le Livre de Poche s'engage pour l'environnement en réduisant l'empreinte carbone de ses livres. Celle de cet exemplaire est de :
150 g éq. CO_2
Rendez-vous sur www.livredepoche-durable.fr

Composition réalisée par MAURY-IMPRIMEUR

Achevé d'imprimer en France par
CPI BRODARD & TAUPIN (72200 La Flèche)
en mai 2021
N° d'impression : 3043581
Dépôt légal 1re publication : juin 2021
LIBRAIRIE GÉNÉRALE FRANÇAISE
21, rue du Montparnasse – 75298 Paris Cedex 06

44/2544/9